LA VOLTAIROMANIE,

OU

LETTRE

D'UN

JEUNE AVOCAT,

En forme de Mémoire.

EN R'EPONSE

Au Libelle du Sieur de VOL-
TAIRE, *intitulé* : Le Préservatif, &c.

LA VOLTAIROMANIE,
OU
LETTRE
D'un Jeune Avocat, en forme de Mémoire.

En Réponse au Libelle du Sieur de Voltaire, *Intitulé* : Le Préservatif, *&c.*

C'Etoit naturellement à M. l'Abbé D. F. à répondre au Libelle que Voltaire vient de publier contre lui. Mais le voyant, Monsieur, résolu à ne jamais se départir de la douceur & de la modération, qu'il a jusqu'ici fait paroître à l'égard de ce Poëte, & considerant d'ailleurs qu'il est d'un âge & d'un caractére, qui pardonnent trop aisément les injures, je me suis d'autant plus volontiers chargé de sa défense, que les liens de l'estime, de l'amitié, & de la plus vive reconnoissance m'attachent à lui pour toujours. Trouvant aujourd'hui l'occasion d'exercer, pour une si bonne cause, un foible talent, que j'ai consacré depuis peu au Barreau, je vais punir, seulement avec ma plume, un homme accoutumé à être autrement payé de ſes ſottiſes.

L'infâme Ecrit du *Sieur* Voltaire, dont le Sçeau eſt imprimé ſur chaque page & à chaque ligne, fait horreur à tous les gens de probité, & ne réjoüit que ſes ignobles Partiſans. * Il ne manquoit plus que ce trait affreux à la renommée d'un Ecrivain téméraire, pour qui ni les mœurs, ni la bienſéance, ni l'humanité, ni la vérité, ni la Religion n'ont jamais eu rien de ſacré. Son ignorance & ſa déraiſon ont plus d'une fois donné des ſcenes au Public ; mais la critique qu'il a inſérée dans ſon Libelle, de quelques endroits des Ouvrages de M. l'Abbé D. F. eſt preſqu'en tout ſi pitoyable & ſi folle, qu'on peut à peine la concevoir. Ce ſeroit donc perdre ſon tems, que d'entreprendre de la réfuter : Il ſuffit de dire, que c'eſt un eſprit faux, en matiere de ſcience, comme en matiere de goût ; & quelqu'un a dit avec vérité, que tout ſon mérite bien apprecié, étoit à peu près celui d'un Violon.

Quoique ſon dernier Libelle ſoit écrit

* Tel eſt le Poliçon, Editeur connu, & Colporteur intéreſſé, de toutes les rapſodies de Voltaire ; ou un certain petit Abbé Normand, qui a eu le front de porter le Libelle dont il s'agit, dans des Maiſons où va l'Abbé D. F. En conſéquence de quoi, le petit Abbé Normand a reçu défenſe d'y remettre le pied.

(comme tout ce qu'il a publié jufqu'ici en profe) fans jugement, fans foin, fans fuite, fans ftyle, & que toutes fes petites objections foient dépourvûës de lumieres & de bon fens, je répondrois peut-être à ce qui concerne le Littéraire, s'il ne s'étoit tout-à-fait rendu indigne de cet honneur, par l'infolence de fa plume. D'ailleurs, comment raifonner avec un homme, à qui l'orgüeil & la rage tiennent lieu de raifon ?

Un Ecrivain un peu fenfé fe feroit-il livré à de pareils excès ? Quand M. l'Abbé D. F. feroit tel, qu'il a l'audace de le dépeindre, s'enfuivra-t'il que Voltaire eft un honnête-homme, & un grand Auteur ? Paffera-t'il moins chez tous les connoiffeurs pour ignorer abfolument le Théatre, où il n'a jamais été applaudi, que pour la vaine harmonie de fes pompeufes tirades, & pour fa hardieffe fatyrique ou irréligieufe. * Sa

* V. avoüé au commencement de fon Epitre à Madame du Châtelet, qui eft à la tête de fon *Alzire*, que cette *Piéce eft un de ces Ouvrages de Poëfie, qui n'ont qu'un tems, qui doivent leur mérite à la faveur paffagere du Public, & à l'illufion du Théatre, pour tomber enfuite dans la foule & l'obfcurité.* V. annonce ici lui-même le fort de tous fes Oüvrages. On ne dit rien de fon Plagiat fcholaftique & continuel : on fçait que fes plus beaux habits font de la friperie.

Henriade sera-t'elle moins un cahos éblouïssant, un mauvais tissu de fictions usées ou déplacées, où il y a autant de prose que de vers, & plus de fautes contre la langue que de pages? Poëme sans feu, sans invention, sans goût, sans génie. Son *Temple du Goût* sera-t'il moins la production d'une petite tête yvre d'orgueil? Son *Charle XII.* ne passera-t'il pas toujours pour l'ouvrage d'un Ignorant étourdi, écrit dans le goût badin d'une Caillette bourgeoise, qui brode des avantures? Mauvais Roman! Encore les Romanciers se piquent-ils de suivre la Géographie, & de ne point démentir les faits connus. Ses *Lettres*, où il a osé porter ses extravagances jusqu'à l'Autel, le tiendront-elles moins éloigné de Paris toute sa vie, dans l'appréhension des recherches dangereuses, ordonnées par le sage & juste Arrêt du Parlement, qui a condamné ce monstrueux Ouvrage au feu? Malgré les déclamations & les airs triomphans de sa profonde ignorance, *les Elémens de la Philosophie de Neuton*, seront-ils jamais autre chose, que l'ébauche d'un Ecolier qui bronche à chaque pas, & qu'un livre ridicule, dans l'une & l'autre édition presque simultanées: Livre, qui a rendu son présomptueux Auteur la risée de la France

& de l'Angleterre. * Enfin, Voltaire sera-t'il moins un homme deshonoré dans la société civile, par ses lâches impostures, par ses fourberies, par ses honteuses bassesses, par ses vols publics & particuliers, & par sa superbe impertinence, qui lui a attiré jusqu'ici de si flétrissantes disgraces ? **

Tout le monde sçait que M. l'Abbé D. F. n'a rien fait qui ait mérité la haine & la fureur du sieur Voltaire. Il l'a toujours ménagé dans ses Ecrits, & depuis même la publication de son injurieux Libelle, il a parlé de sa Tragédie

* Il y a deux Lettres de Londres, à ce sujet. Dans l'une on mande que le Livre de V. sur la Philosophie de Neuton, qu'il n'entend point, y est sifflé comme à Paris : dans l'autre, *qu'il faut que Voltaire soit fou, au propre.*

** 1°. Le digne châtiment qu'il reçut à Séve, dans le tems de la Régence ; châtiment, dont il se crut bien dédommagé par les mille écus que son avarice reçut, pour consoler son honneur. 2°. Le célèbre Traitement de la Porte de l'Hôtel de Sully ; en conséquence duquel il fut chassé de France, pour les folies que cette noble bastonade lui fit faire. 3°. Bastonade encore à Londres, de la main d'un Libraire Anglois ; accident douloureux, qui lui fit solliciter vivement & obtenir la grace de revenir en France. C'est ainsi que le même fléau qui l'en avoit fait sortir, l'y a fait rentrer, pour y essuyer plusieurs autres affronts d'une autre espéce. Quand sera-t'il rassasié d'ignominies ?

de *Zaire*, avec une politesse & une honnêteté, à laquelle on n'avoit pas droit de s'attendre. Jamais le Stoïcisme n'a semblé porter si loin l'insensibilité. La modération & la charité conviennent à une personne de son état ; mais ses amis ne sont pas obligés aux mêmes égards, envers un calomniateur.

N'est-il pas bien étrange que celui qui joue aujourd'hui un si odieux rolle, à l'égard de deux personnes distinguées dans la République des Lettres, je veux dire M. l'Abbé D. F. & l'illustre Rousseau, soit celui-là même qui a dit gravement dans la Préface de sa Tragédie d'*Alzire* : » Il est bien cruel, bien hon-
» teux pour l'esprit humain, que la Lit-
» térature soit infectée de ces haines
» personnelles, de ces cabales, de ces
» intrigues, qui devroient être le parta-
» ge des Esclaves de la Fortune. Que
» gagnent les Auteurs, en se déchirant
» cruellement ? Ils avilissent une pro-
» fession qu'il ne tient qu'à eux de ren-
» dre respectable. Faut-il que l'art de
» penser, le plus beau partage des hom-
» mes, devienne une source de ridicule,
» & que les gens d'esprit, rendus sou-
» vent par leurs querelles le jouet des
» sots, soient les bouffons du Public,
» dont ils devroient être les Maîtres ?

Quel Prothée que Voltaire ! Ne croiroit-on pas en lisant ces paroles, que c'est l'homme du monde le plus sage, le plus circonspect, le plus modéré ? Ne le prendroit-on pas pour un Caton, pour un homme qui a des mœurs, qui est à couvert des *haines personnelles*, & qui ne cherche qu'à rendre *respectable* la profession des Lettres ? Ne s'imagine-t'on pas qu'il est incapable de rien faire, qui puisse lui attirer des réponses, & le rendre le *joüet des sots* ? Mais cet homme, qui aspire à être *le Maître du Public*, & qui nous donne de si belles leçons, est le Philosophe de la Comédie, qui débite la plus belle morale du monde sur la douceur & la modération, & qui à l'instant se met en fureur sans sujet, & en vient aux mains.

Comment n'a-t'il pas rougi de la seule idée de l'horrible Lettre qui est à la fin de son Libelle ? Croira-t'on que celui qui fait aujourd'hui un si honteux reproche à M. l'Abbé D. F. est celui-là même, qui fit son apologie il y a 13 à 14 ans, & qui démontra dans un petit Mémoire dressé par lui-même, la fausseté & l'absurdité de l'accusation ? Il le fit à la sollicitation de feu M. le Président de Bernieres, qui par complaisance le logeoit alors chez lui, & que Voltaire

A v

ose appeller son *ami*.* Mais par quel attachement, ou plûtôt par quelle aveugle partialité, & par qu'elle profusion de loüanges, l'Abbé D. F. n'a-t'il pas payé pendant 10 ans un service, qui n'avoit été du côté de Voltaire qu'une deférence aux volontés de son Hôte & de son Bienfaiteur?

Une réfléxion critique, mais honnête & polie, sur la Tragédie ébauchée de *la mort de César*, & un léger Badinage sur le *Temple du goût*, ont été érigez par Voltaire en traits horribles de noirceur & d'ingratitude. Mais s'étant plaint à l'Abbé D. F. même, par une Lettre particuliere, & de la *Réfléxion* & du *Badinage*, on lui a donné sur cela toute la satisfaction qu'il pouvoit souhaiter. Il en a été très-content, & il l'a écrit à l'Abbé D. F. en 1735, dans les termes les plus affectueux & les plus expressifs. ** Cependant 15 jours après la date de cette Lettre d'amitié & de réconciliation parfaite, il s'avise d'insulter l'Abbé D. F. dans le *Mercure*. On lui demande

* M. le Président de B. *ami* de Voltaire, petit-fils d'un Paysan! La profession d'hommes de Lettres est bien avantageuse. Cet *ami* le chassa de chez lui en 1726, après son discours insolent dans la Loge de la Demoiselle le Couvreur.

** La Lettre de V. à ce sujet, est imprimée dans les *Observations*, tom. 5.

honnêtement la cause de ce changement subit : Nulle réponse. Il continue d'insulter l'Abbé D. F. par de mauvaises épigrammes qu'il fait courir. On se tait ; on méprise l'injure : il redouble ; la patience de l'Abbé D. F. l'enhardit, & il pousse l'affront jusqu'à l'excès dans des Imprimés scandaleux.

Après cela, il a la folie de prétendre avoir encore des droits sur le cœur de l'Abbé D. F. Ignore-t'il qu'il est de principe dans la société, que les offenses effacent les bons offices ? A plus forte raison, quand l'offense est très-grande, & que le bon office n'est qu'une justice renduë, & renduë en considération d'un Bienfaiteur dont on dépend. Voltaire, logé & nourri chez le P. de Bernieres, allié de M. l'Abbé D. F. * avoit-il pû se dispenser de faire ce qu'il fit ?

Mais depuis quand est-il permis d'appeller *Procès-criminel*, (terme dont V. a l'effronterie d'user) un ordre précipité du Magistrat de la Police, sur la déposition équivoque d'un Delateur inconnu,

* Feu M. le P. de Bernieres étoit frere, de Pere, de Madame la Marquise de Flavacourt, & de Madame la Présidente de Louraille, cousines de l'Abbé Desfontaines, qui étoit d'ailleurs son ami & son confident. Un Faquin, par ses airs de protection, nous oblige de parler de ces circonstances.

& suborné ? Jamais les Ordres respectables du Roi ont-ils flétri l'honneur de ses Sujets ? Comme la politique du gouvernement, & l'ordre public exigent quelquefois qu'on s'assure, sur un simple avis, de la personne d'un Sujet, on seroit bien à plaindre, si dans ces cas on étoit deshonoré. Eh, qui est-ce qui n'auroit pas sans cesse à craindre de perdre son honneur ? Aussi un Gentilhomme fut, il y a quelques années, condamné par Messieurs les Maréchaux de France à trois mois de Prison, pour avoir fait un reproche de cette nature à un autre Gentilhomme.

Pour ce qui regarde M. l'Abbé D. F. tout le monde sçait que le tour affreux, qui lui fut joüé en 1725, par les fougueux & dangereux amis d'un homme qui n'est plus, ne lui a fait aucun tort auprès des honnêtes-gens : Sa Religion & ses bonnes mœurs sont connues. Après 15 jours d'une disgrace, qu'il n'avoit ni prévuë ni méritée, il fut honorablement rendu à la Société & à son Emploi littéraire. Le Magistrat de la Police prit la peine de le justifier lui-même ; non-seulement aux yeux de sa famille, mais encore par une Lettre qu'il écrivit à M. l'Abbé Bignon, qui peut s'en ressouvenir*. Quelle douleur le Magistrat ne témoigna-t'il pas plus

* Elle fut lûë solemnellement dans l'Assemblée du Journal, & en conséquence l'Abbé D.F. fut sur le champ rétabli, par M. l'Abbé Bignon, qui voulut bien recueillir les voix de l'Assemblée.

d'une fois, de s'être laiſſé trop légerement prévenir, d'avoir été, ſans le ſçavoir, l'inſtrument d'une baſſe vengeance, & de n'avoir pas connu plûtôt la naiſſance, le caractére & les mœurs de celui qu'il avoit inconſidérément & indignement maltraité !

Autre trait de malignité & d'injuſtice de la part du ſieur Voltaire. Il parle dans ſon Libelle de la fameuſe harangue fictive de l'Abbé S. pour laquelle l'Abbé D. F. fut inquiété au commencement de 1736. Tout le monde ſçait aujourd'hui que cette Piéce lui avoit été ſurpriſe par le Libraire Ribou. Comment l'auroit-il venduë trois louis à un miſérable qui mouroit de faim, & n'avoit pas de ſouliers, & qui eſt aujourd'hui fugitif pour ſes dettes ? D'ailleurs, eſt-ce que trois pages ont jamais été payées d'avance trois louis d'or ? Le menſonge eſt bien groſſier. L'Abbé D. F. n'a jamais été le Vendeur, ni l'Editeur de cette Piéce ; il n'en a été non plus ni l'Auteur, ni le Copiſte. Il ne l'avoit pas même lûë entierement, lorſqu'on la lui déroba. Il eſt aujourd'hui public qu'il n'y a eu aucune part, & l'on ſçait d'ailleurs qu'il a toujours déteſté la Satyre perſonnelle. Le véritable Auteur de cette Piéce, n'en fait plus myſtére. Mais il n'en étoit pas de même durant le cours de cette affaire fâcheufe. Il auroit couru quelque rifque, s'il eût été connu, parce qu'on étoit alors extrêmement aigri contre lui. Il s'étoit fié à l'Abbé D. F. qui eut la générofité de lui garder fidelement le fecret jufqu'à la fin, & qui aima mieux s'expofer à tout, que de trahir la confiance d'un homme qui avoit compté fur fa probité, & qui par juftice & par reconnoiffance, a depuis payé tous les frais que cette affaire a occafionnés. Il n'y a qu'un Voltaire dans le monde, à qui toutes les vertus font inconnuës, qui foit capable de tirer de-là un fujet de reproche & d'invective.

Quand l'Abbé D. F. auroit prêté fa plume à une caufe auffi belle & auffi importante, que celle des Chirurgiens contre la Faculté, les Ecrits qui ont paru fur ce fujet, ont été fi goûtés du Public, que l'aveu qu'il en feroit, ne pourroit que lui procurer beaucoup d'honneur. On auroit beau foupçonner la reconnoiffance libérale du Corps de S. Côme : Voltaire, tout riche qu'il eft par fes rapines typographiques, ne reçoit-il pas encore le produit de fes Tragédies & de fes éditions ? Le reproche fur ce point feroit donc mal fondé. Le titre de *Défenfeur* des droits d'autrui, & la reconnoiffance des Parties, n'ont rien qui rabaiſſe un Ecrivain. Penſer autrement, c'eſt inſulter la glorieuſe profeſſion d'Avocat. Mais l'Abbé D. F. a proteſté ſur ſon honneur, à la face du Ciel & de la Terre, qu'il n'eſt Auteur d'aucun des Ecrits qui ont paru en faveur des Chirurgiens. Sied-il à un homme tel que Voltaire, qui paſſe ſa vie à 40 lieuës d'ici, de lui donner ſur cela un démenti public, ſans la moindre preuve? L'Abbé D. F. eſt lié d'amitié avec deux ou trois Chirurgiens les plus célébres de Paris, dont il eſtime également la capacité, le bon eſprit & la politeſſe. Cela a-t'il pu fonder l'imputation de quelques Médecins mépriſables, qui l'ont accuſé d'être l'Ecrivain de leurs adverſaires, & celle de Voltaire leur imbécille écho?

Qu'après cela, cet habile homme faſſe gravement l'éloge des Quakres, qu'il croit mieux connoître que M. Boſſuet, & qu'il a ſi ridiculement célébrés dans ſes *Lettres*. Qu'il canoniſe un Ouvrage Anglois ſur la Religion, * dont la Traduction Françoiſe imprimée en Hollande, en conſéquence du Jugement du Cenſeur Royal, Docteur de Sorbonne, n'a point eu l'entrée en France, & a été regardée comme un Livre dangereux pour la foi; Que notre grand Théolo-

* *Alciphron, ou, le petit Philoſophe.*

gien, qui a ofé cenfurer les *Penſées de Paſcal*, & défier tous les Docteurs de lui prouver l'immortalité de l'ame, décide que la Religion eſt folidement défenduë dans l'*Alciphron* : Qu'il traite de plaiſanterie l'objection folide qu'un habile Géometre a daigné lui faire dans les *Obſervations*, fur la file de Soldats, dont le vingtiéme, felon Voltaire, devroit paroître *vingt fois plus petit* que le premier : (1) Qu'il trouve admirable cette penſée ridicule & puérile, rapportée dans le *Dictionnaire* Néologique. (*N'eſt-il pas juſte que la ſcience ait des ménagemens pour l'ignorance qui eſt ſon aînée, & qu'elle trouve toujours en poſſeſſion ?*) (2) Qu'il entreprenne de juſtifier le Comique romaneſque, férieux, & attendriſ-

(1) Si 20 Soldats doivent partager ainſi en 20 parties égales l'angle que forme le rayon viſuel, il s'enſuit, felon Voltaire, que l'angle eſt alors coupé également ; V. a donc trouvé par cette belle opération la *triſſection* de l'*angle*. Il dit que le Sçavant Géometre s'eſt mocqué de l'Abbé D. F. & il ne voit pas que c'eſt de lui qu'il ſe mocque. Y a-t'il en effet rien de plus riſible que le raiſonnement de V. fur ce point ? On en parlera cy-après.

(2) Il faudroit auſſi par la même raiſon, que la *Vieilleſſe* reſpectât la *Jeuneſſe* : car la Jeuneſſe précéde la Vieilleſſe. On ne devient vieux, qu'après avoir été jeune. V. admire cet impertinent *concetto*. Quel goût ! Toutes les autres citations qu'il rapporte, bien examinées, ſont auſſi ridicules.

fant jufqu'aux larmes, par l'exemple de la Comédie du *Heautontimorumenos* de Térence, où il n'y eut jamais rien de pareil, & par un vers d'Horace, dont il corrompt le fens groffiérement, puifqu'il ne s'y agit que de la colére d'un Vieillard :

Interdum vocem Comedia tollit,
Iratufque Chremes tumido delitigat ore.

Qu'il impute à l'Abbé D. F. les nombreufes éditions faites en Hollande & ailleurs de fon *Dictionnaire Néologique*; éditions où il n'a aucune part, & que chacun a groffies à fon gré *. Qu'il chérifle *l'eftime contemporaine* de fes Ecrits, autant qu'il fe confole des *mépris contemporains* de fa perfonne : Qu'il exerce une critique fotte & pointilleufe fur le plus bel endroit de la plus belle piéce d'éloquence de M. Boffuet : Qu'il effaye de juftifier, par de pitoyables raifons, les contradictions palpables de fa premiere Epître *fur le bonheur*, & qu'il tâche de donner le change au Lecteur, qui n'aura point cette mauvaife Piéce fous les yeux : Qu'enfin il rapporte ce qu'il a cru trouver de plus foible dans les trois Epîtres de M. Rouffeau, qui ont paru il y a deux ans, fe donnant bien de garde

* L'Abbé D. F. ne reconnoît que les deux éditions de Paris, 1726.

de citer les traits admirables qui le peignent si-bien & si agréablement (1). Tout cela est naturel à un homme tel que le sieur de Voltaire, qui fait profession de heurter en tout l'opinion commune des hommes, & de s'éloigner de tout ce qui approche de la droite raison. Il a essayé jusqu'ici de renverser successivement le monde Moral, le monde Littéraire, le monde Phisique (2) Qu'attend-on encore de lui ?

Je ne dois pas passer sous silence trois impostures grossiéres du Libelle de Voltaire. La premiere est que l'Abbé D. F. selon lui, est l'Auteur de certaines Rélféxions périodiques, qui s'impriment à Paris toutes les semaines chez le sieur Briasson Libraire, ruë S. Jacque. Je ne prétends point rabaisser ici cet Ouvrage qui a son mérite ; mais en vérité, si V. l'a lû avec un peu d'attention, il faut qu'il n'ait ni discernement ni goût, pour

(1) Ce qu'il en rapporte comme défectueux, est au-dessus des meilleurs Vers de V. en ce genre. Le Claudien, le Stace de notre siécle n'a garde de goûter la Poësie de notre Horace. Le Prosaïque enflé ou lâche, & un style plat ou vide de sens, c'est le caractere de la plûpart des Vers de l'insensé contempteur de ceux de Rousseau.

(2) Par ses *Lettres*, par son *Temple du Goût* ; par ses *Elémens de la Philosophie de Neuton*.

foupçonner que l'Abbé D. F. en eſt l'Auteur. Il peut être permis à certaines gens de prendre le change ; mais qu'un homme de Lettres s'y trompe, cela eſt bien honteux. Il doit diſtinguer les ſtyles, avec les yeux de l'eſprit, comme avec l'œil corporel on diſtingue les caractéres de deux différentes écritures. Les Connoiſſeurs, les Gens d'eſprit ne s'y méprennent jamais. Auſſi n'y a-t'il que des hommes ſans Lettres, ou quelques ſots Lettrés, qui ayent attribué les *Réfléxions* périodiques à l'Abbé D. F. dont le ſtyle eſt tout différent.

La deuxiéme impoſture, eſt que V. ſuppoſe que l'Abbé D. F. a fait imprimer en Hollande *vingt Libelles* contre lui. L'Abbé D. F. m'a proteſté, du ton le plus affirmatif, qu'il n'avoit jamais fait imprimer aucun Libelle en Hollande ni ailleurs, contre Voltaire. Je ne me ſuis pas contenté de lui demander ſur cela ce qui en étoit ; j'ai écrit en Hollande, pour m'informer des Libelles qui ont pû paroître contre Voltaire depuis quelques années ; & l'on m'a répondu qu'il n'en avoit paru aucun : y eut-il jamais une impudence pareille ? Voltaire ne veut point paroître agreſſeur : il feint qu'on l'a inſulté, afin d'avoir droit d'inſulter à ſon tour. Il ſuppoſe des Libelles publiés contre lui, qui puissent lui donner lieu d'en publier lui-même. *

C'est aussi dans le même esprit, qu'il a inventé le *Libelle* composé contre lui à la Campagne, chez M. de Bernieres, par l'Abbé D. F. qui, si l'on en croit, *le montra à M. Tiriot, qui l'obligea à le jetter au feu*. Et c'est la troisiéme imposture dont il s'agit ici. M. Tiriot est un homme aussi estimé des honnêtes-gens, que Voltaire en est détesté. Il traîne, comme malgré lui, les restes honteux d'un vieux lien, qu'il n'a pas encore eu la force de rompre entierement. Or, on a demandé à M. Tiriot, qui est cité ici pour témoin, si le fait étoit vrai: & M. Tiriot a été obligé de dire qu'il n'en avoit aucune connoissance. On propose ici un défi à Voltaire. Le séjour à la Campagne chez feu M. le P. Bernieres, est dans les vacances de 1725. Si un Libelle imprimé cette année contre Voltaire existe, qu'on le montre. S'il répond que l'Abbé D. F. l'a jetté lui-même au feu, qu'il cite des

* C'est le Loup de la Fable qui dit à l'Agneau:
Et je sçai que de moi, tu médis l'an passé.
Heureusement le maigre Loup de Cirey, ne dévorera pas aisément l'*Agneau*, à qui il en veut. Il y a ici de bons chiens pour lui donner la chasse, à lui, & à tous ses petits Louveteaux affamés.

Témoins. Car aſſurément il ne doit point être cru ſur ſa parole. *M. Tiriot*, dit-il, *l'obligea de le jetter au feu*. Et voila M. Tiriot qui déclare la fauſſeté du fait. Le ſieur Voltaire eſt donc le plus hardi & le plus inſenſé des menteurs.

Nôtre impoſteur a écrit depuis quelques jours des Lettres, où il tâche de faire croire, qu'il n'eſt point l'Auteur du *Préſervatif*, parce qu'on lui a mandé que cet Ecrit étoit trouvé pitoyable par tout le monde, & qu'il faiſoit autant de tort à l'homme d'eſprit qu'à l'homme de probité. Cependant on a entre les mains, dans des Lettres particulieres qu'il a écrites, une grande partie de ce que le Libelle contient, & cela conçu dans les mêmes termes ; ſurtout, ſes déclamations & ſes raiſonnemens ſur l'*Alciphron*, ſur les *Quakres*, ſur ſa belle découverte touchant le rayon viſuel, ſur la prétenduë ingratitude de l'Abbé D. F. &c. D'ailleurs, qui pourroit méconnoître la Proſe de V. ſi remarquable par ſon ſtyle fougueux, inexact, découſu ; par ſes penſées vagues, ſans chaux & ſans ciment ; enfin par ſon admirable Logique ? On connoît de plus l'Editeur & les Colporteurs de ſon Libelle. En faut-il davantage ?

Dois-je faire mention ici d'un trait impertinent du Libelle de Voltaire, à la pag. 35 ? *L'Auteur des Observations*, (dit Voltaire,) *s'avise de parler de Guerre ; il a l'insolence de dire que feu M. le Maréchel de Tallard, gagna la Bataille de Spire contre toutes les régles par une méprise, & parce qu'il avoit la vûë courte*. Eh, qui est-ce qui auroit mieux appris le métier de la Guerre à notre Poëte, qu'à l'Abbé D. F. ? Seroit-ce la belle apparition de Voltaire au Camp devant Philisbourg en 1734, où ce *Chevalier de la triste figure* apprêta tant à rire à notre Armée ? N'est-il pas plaisant de le voir aujourd'hui joüer le personnage de Réparateur des torts ? L'Observateur n'a parlé que d'après M. le Marquis de Feuquiéres ; est-ce l'autorité de Voltaire, ou la *Lettre anonyme* qu'il cite, qui nous détrompera & qui infirmera le témoignage d'un grand homme de Guerre, qui étoit assurément au fait de tous les faits militaires de son tems. V. parle ici en étourdi insolent, de feu M. le M. de Feuquiéres. Un homme de néant, tel que lui, croit qu'un homme de qualité est susceptible d'une basse *envie*. Un autre auroit pû dire avec décence, que sur ce fait M. le M. de Feuquiéres avoit été mal informé.

Voltaire n'est pas moins ridicule dans son raisonnement, contre la fameuse Pompe de feu M. du Puy, Maître des Requêtes, dont l'Abbé D. F. a parlé dans sa feüille 147. On ne lui fera pas la grace de répondre à son galimathias. Il suffit de dire que tout Paris a vû de ses yeux ce qui est annoncé dans cette Lettre, visée par le même M. du Puy. Il est plaisant de voir un petit Phisicien de deux jours, oser argumenter contre ce qu'il n'a point vû, contre ce qu'il n'a pû concevoir, & y opposer un argument dont il n'entend pas lui-même les termes. Car, au sentiment d'un homme fort versé dans les méchaniques, Voltaire parle ici sans sçavoir de quoi il parle.

Un très-habile Géométre-Phisicien avoit envoyé à l'Observateur une *Remarque* sur l'étonnant Problême de Voltaire, & au sujet de sa démonstration sur *la file de vingt soldats, dont le vingtiéme doit être vû,* selon lui, *vingt fois plus petit que le premier.* Le Sieur Voltaire croit se tirer d'affaire, en disant d'un air gai, dans son Libelle, que ce Géométre a voulu plaisanter, & se moquer de l'Abbé D. F. *Il n'est pas question,* dit-il, *dans ma proposition de la Trissection de l'angle; Je n'en ai pas dit un mot.*

Voici sur cela la réplique du Géométre, qui m'a été communiquée.

» Non, il n'est point question, M.
» de Voltaire, dans votre proposition,
» du Problême de la *Trisection de l'an-*
» *gle*. Mais il est question dans vos Re-
» marques, d'un discours que vous don-
» nez pour une démonstration victo-
» rieuse, & dans lequel on trouve un
» paralogisme aussi grossier, qu'est celui
» par lequel vous supposez qu'on divise
» l'angle en parties égales, parce qu'on
» divise en parties égales la base de
» l'angle. Or non-seulement votre pré-
» tenduë démonstration suppose la Tris-
» section de l'angle par ce moyen ridi-
» cule ; mais elle suppose encore la divi-
» sion de l'angle en raison donnée ; ce
» que ni les *Sections coniques*, ni aucune
» *ligne courbe*, ni aucun calcul connu ne
» peut nous fournir. »

Eh bien, Est-ce de l'Observateur, ou du Novice Géométre, que cet habile homme s'est mocqué dans sa Critique ? * Ne faut-il pas être bien stupide, pour vouloir juger de la grandeur d'un Angle, par la grandeur de la Base, com-

---

* Voltaire joüe avec réfléxion le personnage du *Distrait* de la Bruyere. » *Menalque* rit plus haut » que les autres: il cherche où est celui *qui montre* » *ses oreilles*, & à qui il manque une perruque, &c.

me

me l'ignorant Voltaire, fait dans son extravagante proposition.

Neuton (dit encore V. p. 9.) *n'a point trouvé par experience que les corps tombent de 15 pieds dans la premiere seconde. C'est Hugens qui a déterminé cette chute dans ses beaux Théoremes de Pendule. Secondement, ce n'est qu'à des distances très-considérables & inaccessibles aux hommes, que cette difference seroit sensible, &c.* Voici sur cela ce qu'un sçavant homme répond au Sieur Voltaire. » Non, Neuton n'a
» point trouvé le premier par expérien-
» ce, que les corps tombent de 15 pieds
» dans une seconde. Mais Neuton a
» adopté cette experience ; & l'ayant
» généralisée, il a trouvé qu'à la distance
» de la Lune, ces mêmes corps tombe-
» roient de 15 pieds dans une minute. Il
» est vrai que ce n'est qu'à des distances
» très-considérables & inaccessibles aux
» hommes vulgaires, que cette diffe-
» rence est sensible ; mais elle le devient
» à M. Neuton, & à ceux qui raisonnent
» conformément à ses principes. Si le
» Sieur V. avoit bien lû Neuton, il au-
» roit lû ces paroles à la derniere page.
» *In hac Philosophiâ propositiones deducun-*
» *tur ex phenomenis, & redduntur generales*
» *per inductionem. Quidquid enim ex pheno-*
» *menis non deducitur, hypothesis vocandum*

» *est. Hypotheses seu Metaphysicæ, seu Phy-*
» *sicæ, seu qualitatum occultarum, seu me-*
» *chanicæ, in Philosophiâ experimentali lo-*
» *cum non habent.* «

Le Sieur V. reproche à l'Abbé D. F. une méprise dans la traduction de l'*Essai sur le Poëme Epique*, composé, dit-il, par lui-même en Anglois. 1°. V. n'a point composé seul en Anglois cet Ecrit; mais l'ayant fait d'abord en François, un Anglois l'a aidé à le traduire dans sa Langue. 2°. L'Abbé D. F. n'a point fait à Voltaire l'honneur de traduire en François ce malheureux *Essai*, C'est feu M. de Plelo, depuis Ambassadeur en Dannemark, & tué près de Dantzic, qui, pour s'amuser à Paris, fit cette traduction dans le tems qu'il apprenoit l'Anglois. Le sort de V. est de se tromper en tout ce qu'il dit. Cette traduction est imprimée chez Chaubert.

On a remarqué que le Sieur V. s'avise de traiter plus d'une fois dans son Libelle M. l'Abbé D. F. d'*ignorant*. L'Abbé D. F. avoüe, qu'après avoir étudié toute sa vie, il est fort *ignorant* en effet: & il conviendra aussi, si l'on veut, que le Sieur de V. qui a passé tout la sienne à faire des vers & des folies, est très-sçavant. Ses Ouvrages historiques & philosophiques en sont une bonne preuve. C'est un prodige que ce Sçavant. A peine a-t'il étudié deux jours la matiere la plus épineuse & la plus étenduë, qu'il la possede à fond, & qu'il est capable d'en faire des leçons aux plus grands Maîtres. Tout le monde sçait ce qui lui arriva à Paris, il y a un peu plus de deux ans. Il n'y avoit que huit jours qu'il commençoit à s'appliquer à la Géométrie, qu'il alla trouver un de nos plus grands Géometres de l'Académie des Sciences, pour conferer avec lui sur un Probleme, qu'il falloit dix années de Géométrie pour pouvoir résoudre. Il se croyoit déja de pair avec tous les *Sçavans* de l'Europe. Voila la science du personnage. A peine est-il en Angleterre, qu'après en avoir étudié la Langue pendant trois mois, il met en Anglois un *Essai sur le Poëme Epique*, qu'il avoit composé en François: puis ayant fait corriger cette traduction par son Maître de Langue, il la donne au Public. Il est vrai que les Anglois dirent alors que c'étoit un tissu de Gallicismes & de Barbarismes. Qu'importe? Voltaire faisoit voir qu'il avoit un genie divin pour les Langues, comme pour toutes les Sciences, & tous les beaux Arts. Cet Alexandre de la Littérature aspire hautement à la Monarchie universelle des Lettres. Il fera bientôt la guerre à toutes les Académies, & il détrônera tous les Sçavans pour se mettre à leur place. Ne se prétend-t'il pas aussi grand Poëte que M. Rousseau ? N'a-t'il pas tâché de dégrader tous nos Auteurs dans son *Temple du Goût* ? Est-ce un Cesar ? Est-ce un Pompée ?

Nec quemquam jam ferre potest Cæsarve priorem,
Pompeiusve parem.   LUCAN.

Cependant on dit que V. est à 45 ans aussi *sçavant*, (& aussi *sage*) qu'à vingt. C'est de quoi on ne peut douter. Appliquons-lui le *doctè febricitans*, de l'Epitaphe du P. Hardoüin, rapportée dans le *Nouvelliste du Parnasse*, si toutesfois il est permis de lui appliquer ce qui convient à un *fou sçavant*, & non à un *fou charlatan*, ou à un *harmonieux Energumène*.

Mais j'oublie que c'est trop me rabaisser, que de répondre à la Littérature du Libelle de V. & je ne songe pas que j'avois résolu de ne lui opposer sur ce point qu'un souverain mépris. D'ailleurs l'article que je viens de traiter, est peut-être trop sérieux, & vous intéresse peu. Pour vous dédommager, Monsieur, je vais vous faire part d'une Epigramme composée depuis peu par un de nos bons amis, au sujet des impertinences qui font répanduës dans son dernier Ouvrage.

EPIGRAMME.

Avez-vous vû cette Critique,
Dont on noircit l'Observateur?
Oüi ; c'est de l'Ecrivain du Roman Historique, 1
Du pauvre Fiérenfat 2, & de l'Histoire épique. 3
Eh bien, l'Ouvrage est-il digne de son Auteur?
Très-digne ; il y soutient au mieux son caractere ;
Car prenant dans sa bile amére
L'injure pour raison, la fureur pour flambeau
Ma foi, le Sens-commun est plus son adversaire,
Que Desfontaines & Rousseau.

Voici le Fragment d'une Lettre de M. Rousseau à M. l'Abbé D. F. datée du 14 Novembre 1738.

» Il m'est tombé, Monsieur, entre les
» mains une misérable Brochûre, où vous
» êtes cruellement déchiré, & où je ne suis
» pas oublié. Voltaire s'y reconnoît à
» chaque mot : digne récompense du
» sacrifice que vous avez fait tant de
» fois de vos lumieres, en faveur de cet
» indigne Poëte, à qui je prens la li-
» berté de répondre pour vous, dans
» les vers que vous allez lire.

1 Charle XII.
2 *L'Enfant Prodigue*, Comédie de Voltaire.
3 La Henriade.

B iij

> Petit Rimeur antichrétien,
> On reconnoît dans tes Ouvrages
> Ton caractere, & non le mien.
> Ma principale faute, helas! je m'en souvien,
> Vint d'un cœur, qui séduit par tes patélinages,
> Crut trouver un ami dans un parfait vaurien.
> Charme des foux, horreur des sages,
> Quand par lui mon esprit aveuglé, j'en convien,
> Hazardoit pour toi ses suffrages.
> Mais je ne me reproche rien,
> Que d'avoir sali quelques pages
> D'un nom aussi vil que le tien.

» C'est en effet, Monsieur, le seul
» reproche que vous ayez à vous faire,
» mais dont il vous est facile de vous
» laver auprès de tout ce qu'il y a d'hon-
» nêtes gens, que la conduite & les
» impudences de ce malheureux révol-
» tent tous les jours de plus en plus, &
» qui attendent avec impatience le *der-*
» *nier coup de foudre*, qui le doit écraser.
» Elle ne peut être en de meilleures mains
» que les vôtres, & vous ne sçauriez
» l'emploïer sur un sujet qui en soit
» plus digne, &c.

Les recherches, faites au sujet des prétendues Satyres publiées en Hollande contre le Sieur V. ont fait tomber entre mes mains un Livre de M. de S. Hyacinthe, intitulé *Le Chef d'œuvre de l'Inconnu*. Dans une édition de ce fameux Ouvrage, à la Haye, chez Pierre Husson-

1732, on trouve à la fin le morceau suivant, dans la *Déification du Docteur Aristarchus Masso*, par le même M. de S. Hyacinthe, p. 362. Le Sieur Voltaire n'accusera-t'il point l'Abbé D. F. d'être l'Auteur de cet Ecrit ? N'y trouvera-t'il point son stile ?

EXTRAIT de l'Ouvrage intitulé : *Déification du Docteur Aristarchus Masso*. Par M. de S. H.

» Un *Officier* François, nommé Beau-
» regard, s'entretenoit avec quelques
» personnes, que la curiosité avoit com-
» me moi attirées au pié de la double
» montagne. Un *Poëte* de la même Na-
» tion, portant le nez au vent, comme
» un Cheval Houzard, vint effronté-
» ment se mettre de la conversation, &
» parlant à tors & à travers, s'abandon-
» na à quelques saillies insultantes, que
» l'Officier désaprouva. Le *Poëte* s'en
» mit peu en peine, & continua. L'*Offi-
» cier* s'éloignant alors, alla dans un dé-
» tour, par où il sçavoit que ce *Poëte* de-
» voit passer pour aller parler à un Co-
» médien. Il y vint en effet, accompa-
» gné d'un homme à qui il récitoit des
» vers, & qu'il ne croïoit pas devoir
» être le témoin d'une de ses infortunes.

»Car l'*Officier* arrêtant le *Poëte* par le
»bras, *J'ai toujours oüi dire que les impu-*
»*dens étoient lâches*, lui dit-il, *j'en veux*
»*faire l'épreuve, & ne puis mieux m'adref-*
»*ser qu'à vous. Voïons, Monsieur le bel*
»*esprit, si vous vous servirez bien de cette*
»*épée que vous portez, je ne sçai pourquoi;*
»*ou préparez-vous à recevoir de cette canne*
»*le châtiment de votre infolence.* Telle
»qu'une Catin pâlit & s'effraïe aux
»éclats redoublés du tonnerre, tel le
»*Poëte* pâlit au discours de l'*Officier*, &
»la frayeur lui inspirant avec le repen-
»tir des sentimens d'humilité & de pru-
»dence:

J'ai péché, lui dit-il, & je ne prétends pas
Emploïer ma valeur à défendre mes fautes,
    J'offre mon échine & mes côtes
Au juste châtiment que prépare ton bras.
Frape, ne me crains point, frape, je te par-
      donne,
Ma vie est peu de chose, & je te l'abandonne.
Tu vois en ce moment un Poëte éperdu,
Digne d'être puni, content d'être batu,
N'opposer nul effort à ta valeur suprême.
Beauregard n'aura point de vainqueur que lui-
    même.

»*Ces beaux discours ne servent ici de rien,*
»dit l'Officier, *défendez-vous, ou pre-*
»*nez garde à vos épaules.* Le Poëte
»n'ayant pas la hardiesse de se défendre,
»l'*Officier* le chargea de quantité de

» coups de bâton, dans l'esperance que
» l'outrage & la douleur lui infpireroient
» du courage, puifqu'ils en infpirent
» aux plus lâches ; mais la prudence du
» Poëte redoubla, à proportion des
» coups qu'il reçut ; ce qui fit que l'hom-
» me qui l'avoit accompagné, s'écria, en
» s'adreffant à l'Officier :

Arrêtez, arrêtez l'ardeur de votre bras,
Battre un homme à jeu sûr n'eft pas d'une belle
ame,
Et le cœur eft digne de blâme
Contre les gens qui n'en ont pas.

» L'*Officier* alors, après avoir ainfi dif-
» pofé le Poëte à fes remontrances,
» *Sectateur des Mufes*, lui dit-il, appre-
» nez *qu'il eft plus important d'être fage,*
» *qu'il n'eft néceffaire d'être Poëte, & que*
» *fi les Lauriers du Parnaffe mettent à cou-*
» *vert de la foudre, ils ne mettent point à*
» *l'abri des coups de bâton.* En difant ces
» mots, il jetta dans un champ celui
» qu'il avoit en main. Mais, ô prodige !
» ce bâton devint dans l'inftant même
» un arbre, &c. «

Vous jugerez comme il vous plaira de ce morceau de l'Ouvrage de M.
de S. Hyacinthe ; vous voyez du moins
par là, qu'il y a long-tems que les folies
& les triftes avantures de notre Poëte
ont retenti dans l'Europe.

VERS DE M. ROUSSEAU.
Sur la Philosophie Neutonienne de *VOLTAIRE*.

Rare esprit, genie inventif,
Qui soutiens qu'à toi seul la Nature connuë
N'a de principe opératif
Que dans l'attraction par Neuton soutenue,
Voltaire, explique-nous le principe attractif,
Qui fit tomber sur tes épaules
Ces orages de coups de Gaules,
Dont tu reçus le prix en argent effectif.

VERS DU MEME
Envoyez à M. l'Abbé D. F.
Au sujet de V. & de sa Secte.

Vous sentez bien, turbulens rimailleurs,
Vos vieux battus, d'aller chercher querelle
A de facheux & discourtois railleurs,
Qu'Apollon même a pris en sa tutelle.
Si donc en vous reste un grain de cervelle,
N'écrivez plus; surtout gardez-vous bien
De molester un nouveau Lucien,
Qui mit jadis si bien à la compote,
Pour réparer l'honneur Parnassien,
Les vers défunts du très-défunt La Motte.

Lycambe, trop sensible à l'honneur, se pendit autrefois, pour les vers qu'Archiloque avoit faits contre lui. Ne craignons rien de pareil du désespoir d'un homme tel que Voltaire. Tout ce qu'il y a de plus deshonorant glisse sur son esprit & sur son cœur. D'ailleurs l'éponge de son orgüeil y efface bien-tôt toutes les traces de la honte.

Je voulois finir ici ma Lettre, & je croyois que c'étoit trop m'humilier, que de répondre exactement à tous les points Littéraires du Libelle du Sieur Voltaire : J'étois même honteux en quelque sorte, d'avoir infisté sur quelques-uns des principaux, & d'avoir pris la peine de mettre en évidence, fur ces articles, fon impéritie & fon extravagance. Mais peut-être qu'il feroit encore affez impudent, pour s'applaudir de fes autres objections frivoles, fi l'on omettoit d'y répondre, & que nos mépris ferviroient à nourrir fon orgueil, & s'il étoit poffible, à augmenter fa fatuité. D'ailleurs fes Partifans (quoique le troupeau foit réduit à un petit nombre de gens fans conféquence) pourroient fe prévaloir de notre filence, & dire que Voltaire a eu au moins la gloire de confondre fon adverfaire, par rapport à quelques Articles fur lefquels on n'a pû le juftifier. Achevons donc de terraffer le téméraire Critique, & donnons les derniers coups de pinceau au tableau de fa folie & de fa fauffe érudition.

« L'Obfervateur (dit-il pag. 10) rap-
» pelle une ancienne difpute Littérai-
» re, entre M. Dacier & le Marquis
» de Sévigné, au fujet de ce paffage
» d'Horace : *Difficile eft proprie commu-*

» *nia dicere.* Il rapporte le Factum in-
» génieux de M. de Sévigné. *Pour M.*
» *Dacier*, dit-il, *il se défend en Sça-*
» *vant ; c'est tout dire. Des expressions*
» *maussades & injurieuses sont les ornemens*
» *de son érudition.* » Ce sont en effet les
paroles de l'Observateur, raportées par
le Sieur Voltaire.

« Il y a, continuë le Critique, dans
» ce discours de l'Observateur trois fau-
» tes *bien étranges.* 1°. Il est faux que ce
» soit le caractere des Sçavans du siécle
» de Loüis XIV. d'employer des inju-
» res pour toutes raisons. 2°. Il est très-
» faux que M. Dacier en ait usé ainsi
» avec le M. de Sevigné. *Il le comble de*
» *loüanges, &c.* 3°. Il est indubitable que
» Dacier a raison pour le fond, & qu'il a
» très-bien traduit ce Vers d'Horace.
» *Difficile est propriè communia dicere*
(qu'il a rendu ainsi) *il est très-difficile de*
» *bien traiter des sujets d'invention* . . . .
» Ainsi l'Abbé D. F. n'a pas entendu
» Horace, n'a pas lû l'écrit de M. Da-
» cier, qu'il critique, & a tort dans
» tous les points. » On va voir tout à
l'heure si l'Abbé D.F. sur ces trois points
a effectivement tort.

A entendre l'Auteur du *Préservatif*,
ne diroit-on pas que l'Observateur à
copié le Factum de M. de Sevigné ? *Il*

a rapporté, dit-il, *le Factum*, &c. Que cette expreſſion impropre fait bien ſentir que V. n'a jamais vû le Recuëil intitulé, *Diſſertation critique ſur l'Art Poëtique d'Horace* ! Il y a dans ce Recuëil *trois Factums* de M. de S. & deux de M. Dacier. L'Obſervateur n'a cité que deux morceaux du dernier Factum de M. de Sévigné.

Le Critique trouve *trois fautes* dans le Diſcours de l'Obſervateur ! Mais 1°. dans ſa refléxion, eſt-il queſtion des *Sçavans du ſiécle de Loüis XIV* ? Le plaiſant Logicien, qui d'un fait particulier tire une conſéquence générale ! L'Obſervateur ne reproche ni à ces Sçavans, ni à M. Dacier, *d'employer des injures pour toutes raiſons.* Il dit ſimplement que *des expreſſions injurieuſes & mauſſades, ſont les ornemens de ſon érudition.* Cela eſt bien different. Mais dans le fait même, ſur les Sçavans du ſiécle de Loüis XIV. le Critique fait bien voir qu'il ignore ce que tout le monde ſçait. Eſt-ce que les Théophiles Reynauds, les Valois, les Thiers, les Launois, les Nicolaïs, & une infinité d'autres Sçavans du 17e. ſiecle, n'ont pas *orné* leurs Ecrits polémiques d'injures & d'invectives ? C'eſt à ce ſujet qu'un Critique Moderne à dit, *injuriarum & calumnia ſaculum dixeris.* Eſt-ce que d'Aubignac, Scudery, & tant d'autres Auteurs n'ont pas attaqué indignement Corneille & Racine? Bouhours & Menage se sont-ils traités fort honnêtement? Avec quelle impolitesse Menage a-t-il écrit contre Baillet, attaqué avec encore plus de dureté & d'aigreur, par le Pere Bauchet Jésuite? Combien M. de Valincourt, pour avoir critiqué avec autant de solidité que d'enjoûment *la Princesse de Cléves*, n'a-t-il pas été injurié par un mauvais Ecrivain, par un Pitaval de son tems? Enfin qui est-ce qui ignore la *Réponse* de l'Abbé de Villars, aux *Sentimens de Cléanthe* (ce *Cléanthe* étoit M. Barbier d'Aucourt) & qui ne connoît pas l'*Antimenagiana*, où des personnes d'un mérite reconnu sont accablées d'injures? Je ne parlerai point de la querelle violente intentée au P. Mallebranche, par M. Arnaud, ni des Ecrits horribles de ce Docteur & de tant d'autres, contre la Société des Jésuiſuites. Par ce détail, qu'il seroit facile d'étendre, jugés si *les Sçavans du siècle de Loüis XIV*. étoient auſſi doux, auſſi modérés que le Sieur Voltaire le prétend. Ne diroit-on pas qu'il a juré de ne dire jamais que des choses fausses?

2°. *M. Dacier*, selon notre Critique, *à comblé de loüanges M. de S. & il* conclut son *Mémoire* par lui demander son *amitié*. Il est vrai que M. Dacier, dans son premier Factum, dit poliment à M. de Lamoignon, arbitre de la querelle Littéraire : *les dépens que je demande, c'est l'amitié de M. de Sévigné*. Mais se voyant ensuite vivement poussé par son adversaire, il change bien de ton. *Est-ce à M. de Sévigné*, dit-il, *de regler l'usage des mots Latins, & ne doit-il pas plûtôt s'y soumettre ?* Pour me servir des termes de la Replique de M. de Sévigné, *ce début est-il bien gracieux ?* A la pag. 77. après avoir remarqué (avec Platon) « qu'il est certaines gens, qui n'ayant » pas la force de concevoir les choses » générales & abstraites, sont obligés » de *reposer* toujours leur imagination » sur ce qui est matériel & palpable, *il* » *ajoute*, que ces gens-là, selon Pla- » ton, ne vivent qu'en songe ; car ils » prennent l'ombre pour le corps : au » lieu que ceux qui connoissent la beau- » té, la sagesse & la justice, & les cho- » ses particulieres qui y participent, en » ont des idées si distinctes, qu'ils ne » prennent jamais celles-ci pour celle- » là, ni celle-là pour celle-ci, la copie » pour l'original, ni l'original pour la » copie ; ceux-là vivent véritablement. » Je suis faché que la vie de M. de S. » selon Platon, ne soit qu'un songe ;

« mais j'espere qu'il se réveillera bien-
» tôt, & qu'il vivra véritablement. »
Ne voilà-t'il pas un discours bien poli,
adressé par un Sçavant, qui n'étoit que
cela, à un homme de qualité, tel que
le Marquis de Sévigné, qu'il représente
ici comme un rêveur ? Si je voulois citer d'autre endroits encore des Factums
de M. Dacier, je crois que tout le monde m'accorderoit sans peine, que,
comme l'Observateur l'a dit avec vérité, *des expressions maussades & injurieuses
font les ornemens de son érudition.*

3°. Le docte Voltaire adjuge la vic-
toire à M. Dacier, & il soutient que
dans le vers d'Horace, *Communia* veut
dire *Intacta*, des sujets neufs. Cela n'est
pas pourtant aussi certain qu'il le dit ;
l'Abbé D. F. pourroit bien avoir raison
avec le Marquis de Sévigné, & il n'est
pas le seul qui ait donné gain de cause à
celui-ci. M. de Brueys, dans sa *Para-
phrase sur l'Art Poétique d'Horace*, a
adopté le sentiment de M. de Sévigné.
Le P. Tarteron a donné une explication
bien differente de celle de M. Dacier.
Enfin dans le tems de cette dispute, M.
de Sévigné, ainsi qu'il l'assure lui même, avoit pour partisans *un grand nombre de beaux esprits.* Voici ce que M. de
Valincourt lui écrivoit dans une Lettre

du 5 Janvier 1698. « Vous perdez bien » de ne sçavoir pas le Grec. On a trou- » vé un paſſage dans Hermogene, qui » décide ſi nettement à votre égard la » queſtion du *Communia*, qu'il n'y a » pas de replique. Voyez quelle gloire » ce ſeroit pour vous, de défaire M. » Dacier par un paſſage Grec. Ce ſe- » roit bien le cas de dire, *Suo hunc ſibi* » *gladio jugulo*. Je vous l'envoyerai, ſi » vous voulez en Latin. » Certainement on ne pourroit pas dire de Voltaire, *ſuo hunc ſibi gladio jugulo*, en lui citant un paſſage Grec. Il faudroit plûtôt lui alléguer l'autorité de quelque Moderne, auſſi préſomptueux qu'ignorant. Après ce que vous venez de voir, Voltaire n'a-t'il pas bonne grace de reprocher à l'Abbé D. F. *de ne pas entendre Horace?* Vous voyez que tout le Diſcours de notre Critique ſur le Vers dont il s'agit, eſt des plus riſibles. Ne nous en étonnons point : C'eſt Voltaire qui raiſonne.

Autre remarque de ce judicieux Ecrivain, p. 20. « En faiſant, dit-il, l'ex- » trait d'une certaine Harangue Latine » de M. *Turretin*, l'Obſervateur ſe » plaint de la diſette des Mecenes, & » de la malheureuſe ſituation des Sça- » vans, &c. » Admirez l'étourderie ou l'imbécillité du Critique. Il fait un crime à l'Obfervateur de rapporter les preuves de M. Turretin, touchant les caufes de la décadence des Lettres. *Verum*, dit cet Ecrivain, *ut in caufæ arcem invadamus, cur litteræ parum excolantur hac eft non levis ratio, nimirum præmii defectus, Mæcenatum inopia.* Voltaire n'auroit-il touché ce point, que pour apprendre au Public, qu'il a eu autrefois une penfion de la Cour ? Il fatisfait volontiers fa vanité, aux dépens de la vérité & de la raifon.

Pag. 39. il déclame avec violence contre le jugement que l'Obfervateur a porté fur un certain Livre traduit de l'Anglois, intitulé : l'*Alciphron* ou *le petit Philofophe*. Ce jugement, je l'avouë, eft extrêmement févere, & donne une idée fort défavantageufe du Livre & de l'Auteur. J'ai eu la curiofité d'examiner l'Ouvrage, & je ne puis m'empêcher de dire, que dans un fens, c'eft un Livre pernicieux. Cependant, fi l'on en croit le Docteur de Cirey, c'eft un *Saint Livre*, rempli des plus forts argumens contre les Libertins. Voici la véritable idée du Livre, qui n'eft rien moins que *Saint*. L'Ouvrage eft en forme de Dialogues : Alciphron, ou le petit Philofophe, débite des plaifanteries plates, ou plûtôt des blafphêmes horribles, contre la Religion Chrétienne, tels que la vile canaille de Londres feroit capable d'en débiter dans un cabaret. Rien de plus indécent, ni de plus fcandaleux, que le tableau offert aux yeux du Lecteur par Alciphron. Quel *Saint Livre!* Voltaire goute fort une pareille fainteté. A l'égard des réponfes aux objections du *petit Philofophe*, je crois que c'eft parce qu'elles font foibles & mal conftruites, que Voltaire les honore de fes loüanges. Le Livre les mérite à peu près autant, que la fcandaleufe & abominable *Epitre à Uranie.* L'Auteur du *Saint Livre* plaifante quelfois de fon chef, (je crois, fans mauvaife intention) d'une façon fort peu religieufe. Enfin il paroît bien fe défier lui-même de la folidité de fes preuves en faveur de la Religion, puifqu'il dit dans fa Préface : *On m'accufera peut-être de reffembler à ces meres, qui étouffent leurs enfans à force de les careffer.*

Notre Critique trouve mauvais que que l'Obfervateur ait dit que Ciceron étoit plus *verbeux* que Seneque, & il diffimule le fens dans lequel on l'a dit. Qui ne fçait pas qu'il y a plus d'abondance & de nombre dans Ciceron ? Cependant Seneque eft plus *verbeux*, parce que malgré fon ftyle haché, il ne dit que des riens, & que ses fréquentes antithéses répétent souvent la même idée.

Il reprend dans son article 12. cette phrase, *Venus a été observée au méridien au-dessous du Pole*, tirée de la feüille 202. ce qui lui donne lieu de dire doctement, que les Planetes *ne sont que dans le Zodiaque, & non au-dessous du Pole.* Que le Sieur Voltaire est Sçavant! S'il étoit aussi judicieux, il auroit compris que cette Planete, vûë *au Méridien au-dessous du Pole*, étoit alors dans l'autre Hemisphére, & par conséquent *au-dessous du Pole* Arctique, par rapport à l'Observateur.

La belle chicane, que de censurer le terme de *systême*, en parlant de la doctrine admirable de Neuton sur la lumiere! Mais Neuton n'a-t'il pas tiré des conclusions de ses expériences, & n'a-t'il pas en conséquence établi des dogmes? Le Vide n'est-il pas la base de son édifice? C'est donc un *systême*. M. Algarotti ne fait aucune difficulté de se servir de cette expression, en parlant du Neutonianisme. Voltaire voudroit-il se croire Neutonien plus éclairé, que ce Sçavant Auteur? Cela ne seroit pas impossible, puisqu'il se préfere à tout le monde.

Il compare ridiculement dans son article 25. ces deux expreſſions, *au ſein des mers*, *au ſein de la France*. Eſt-ce la même choſe? *Le ſein de la France*, ne peut être conçû dans les entrailles de la terre ; mais *le ſein des mers* repréſente les abymes de la mer. Donc on n'a pas pû placer *une Iſle enchantée au ſein des mers*, & c'eſt une vraye faute. Enfin le Critique, négligeant de conſulter les *Errata*, reproche juſqu'aux fautes d'impreſſion, comme *corporiſié*, pour *corporaliſé*.

Puiſque l'occaſion s'en préſente, j'ajouterai ici, que c'eſt avec le même bon ſens que Voltaire, dans ſes *Lettres Philoſophiques*, Ouvrage ſi juſtement flétri, a l'impudence de dire que le Pere le Brun a emprunté ſon Livre de celui du Docteur *Prynn*. Cette accuſation eſt précédée de l'expoſition de pluſieurs traits ridicules, dont aucun ne ſe trouve dans le Livre du ſçavant & reſpectable Oratorien. D'ailleurs, il n'y a qu'à comparer ces deux Ouvrages ; on verra qu'ils ne ſe reſſemblent point. Mais voici la méthode du Sr. Voltaire. Il entend dire à quelqu'un (ſçavant ou ignorant, peu lui importe) que telle choſe eſt. Si cette choſe n'a point encore été écrite, auſſi-tôt Voltaire ſe hâte de l'écrire, après l'avoir fait paſſer par la filiere tortue de son imagination déréglée. Déja il brûle de l'imprimer : il l'imprime ; & ce n'est que par l'indignation ou les risées du Public, que la vérité peut parvenir a le détromper. Tel est le génie, le sçavoir, le bon sens du plus orgüeilleux & du plus humilié de tous les Ecrivains.

Dans un autre endroit de ses exécrables *Lettres*, il ose appeller l'Ouvrage du Pere le Brun, une *impertinente déclamation*. C'est ainsi qu'il qualifie impudemment un Ecrit excellent, composé par les ordres d'un très-grand Prélat.

Je finirai par une refléxion ; c'est que dans les quinze Volumes des *Observations*, la fureur du Sieur Voltaire, qui paroît les avoir bien examinés, n'a pû relever qu'environ une douzaine de prétenduës fautes, où dans la plûpart il est l'écho d'un Pitaval, d'un Chevalier de Mouhy, & de quelques autres misérables Censeurs de l'Abbé D. F. * Né

---

*Entr'autres, ce Grotesque du Temple d'Esculape, ce Thersite de la Faculté, soupçonné pourtant de quelque esprit, quoique froid Auteur d'une insipide & ennuyeuse Comédie, & d'une feüille volante contre Saint Côme, où il n'y a pas toute à fait une demie dragme d'esprit, ni un demi scrupule de bon sens. Tout le monde sçait par cœur les jolis Vers d'un de nos plus aimables Poëtes sur ce double Bâtard d'Apollon,

voila-t'il pas un *Préservatif* bien spécifique ? En échange de ce préservatif, offrons-lui un remede, & un remede qui lui convient, c'est l'Ellebore. Le pauvre V. perd son tems depuis deux années, a vouloir comprendre Neuton, dont il n'entend pas encore les premiers élémens, quelque peine qu'un sçavant Italien ait prise pour les lui faire concevoir. Il a été si *honni*, si *berné*, si *conspué*, pour ses sottises philosophiques, qu'en vérité il merite qu'on ait désormais un peu pitié de lui, & qu'on le laisse tranquillement profiter des humiliations que son Neutonianisme lui a procurées.

Je crois la *Voltairomanie* assez bien démontrée, par tout ce que je viens de

qui quoiqu'assez jeune encore, marche si glorieusement sur les pas du plus vieux radoteur de ses Confréres oisifs. On lui devoit ce petit éloge depuis six mois. On en doit aussi un depuis longtems à un certain visage obscur, Rimeur caustique, bien payé de quelques noirceurs de sa Muse impudente; petit Cyclope, qui depuis vingt ans fabrique jour & nuit sur sa foible enclume des vers tels quels, pour les deux Troupes, ses Nourrices, en attendant que le hazard, ou le secours d'autrui, fasse à la fin sortir quelque bon Ouvrage de sa Forge. Je ne dirai rien d'un autre, qui, par un Acte Typographique, passé par-devant Briasson, vient de substituer aux Epiciers de Paris un Recüeil complet de ses *Oeuvres mêlées*.

dire. Plût à Dieu que Voltaire ne fût que dépourvû de lumieres & de jugement, qu'il ne fût qu'insensé! Ce qu'il y a de pis, est qu'il est faux, impudent & calomniateur. Son portrait est à la tête du 6 ch. de Théophraste. Qu'il écrive désormais tout ce qu'il lui plaira, en prose ou en vers: on l'a mis, ou plûtôt il s'est mis lui-même, hors d'état d'obtenir la moindre créance dans le monde. Au reste quelque maltraité qu'il paroisse ici, on a encore usé d'indulgence. Que de choses ne sçait-on pas, qu'on veut bien s'abstenir de publier! Les horreurs de de son Libelle dispensent néanmoins de la modération.

Il est certain que s'il pouvoit être guéri de son sot orgüeil, qu'il est impossible d'exprimer, il seroit moins foû, moins impie, moins téméraire, moins brutal, moins fougueux, moins décisif, moins détracteur, moins calomniateur, moins enragé, &c. Or, qu'y a-t-il de plus capable d'abattre cet orgüeil monstrueux, principe radical de tous ses vices & de tous ses opprobres, que ce qui est contenu dans cette Lettre salutaire, dont votre charité ne manquera pas de lui faire part?

Je suis, &c.

A Paris, le 12 Décembre 1738.

www.ingramcontent.com/pod-product-compliance
Lightning Source LLC
Chambersburg PA
CBHW070702050426
42451CB00008B/457